TURISMO CRIATIVO

Larissa **Almeida**

TURISMO CRIATIVO

Uma viagem por culturas, encontros e experiências

Copyright © 2021 by Larissa Almeida

Coordenação Editorial
Isabel Valle

Capa
Mariana Marinho

Copidesque
Ligia Moreiras Sena

Editoração Eletrônica e Projeto gráfico
Leandro Collares

A447t

Almeida, Larissa, 1979-
    Turismo Criativo: uma viagem por culturas, encontros e experiências / Larissa Almeida. – 1ª ed. – Rio de Janeiro: Bambual Editora, 2021.
    112 p.

    ISBN 978-65-89138-03-7

    1.Turismo. 2.Imaginação e criatividade. 3.Criatividade como promoção do desenvolvimento pessoal. 4.Ciências Sociais. I. Título. II. Almeida, Larissa.

                                    CDD 338.479 1
                                            153.3
                                            658.314
                                            300

www.bambualeditora.com.br
conexao@bambualeditora.com.br

É na minha disponibilidade permanente à vida a que me entrego de corpo inteiro, pensar crítico, emoção, curiosidade, desejo, que vou aprendendo a ser eu mesmo em minha relação com o contrário de mim. E quanto mais me dou à experiência de lidar sem medo, sem preconceito, com as diferenças, tanto melhor me conheço e construo meu perfil.

Paulo Freire

...embora diferentes entre si, quem forma se forma e re-forma ao formar e quem é formado forma-se e forma ao ser formado.

Paulo Freire

SUMÁRIO

▪▪▪

Prefácio   [9]

Chegadas, encontros e partidas   [13]

Turismo, cultura e os criativos   [19]

Uma breve viagem entre o Turismo Cultural e o Turismo Criativo   [25]

Chegamos ao Turismo Criativo?   [31]

E, afinal, como podemos definir o Turismo Criativo?   [35]

O papel da cocriação no Turismo Criativo   [45]

O quebra-cabeças do Turismo Criativo   [51]

Por onde anda o Turismo Criativo?   [61]

As redes e o Turismo Criativo   [69]

Turismo Criativo e desenvolvimento territorial   [77]

Os desafios do Turismo Criativo   [85]

Turismo Criativo pós-pandemia   [91]

Agradecimento   [99]

Sites sugeridos   [105]

Bibliografia consultada   [107]

PREFÁCIO

O Turismo Criativo surgiu como uma pequena semente, mas graças à inspiração e à cuidadosa criação de um conjunto de pessoas, tornou-se uma grande fonte de ideias inovadoras. Nos últimos anos, muitos têm se tornado desiludidos em relação aos modelos tradicionais do desenvolvimento turístico e com o aumento da padronização das experiências turísticas. O Turismo Criativo é baseado na criatividade, na cultura dos lugares visitados pelos turistas e na população que mora ali, tendo o potencial de fazer com que as pessoas usem a sua criatividade para, assim, desenvolver novas formas de turismo e interação.

Atualmente, a criatividade e o turismo vêm se interligando cada vez mais, tendo em vista que os destinos precisam se empenhar mais para se destacar em um mercado turístico saturado e que o setor criativo tem visto no turismo uma forma de aumentar a renda. Outrora, a conexão entre essas duas áreas vinha se dando, principalmente, nas grandes cidades, onde uma boa parcela de empreendedores criativos estavam. Entretanto, estudos mais recentes têm colocado luz na criatividade presente em cidades menores e áreas rurais, o que pode ser bastante interessante para turistas criativos. Com a Covid-19, o foco tem se voltado às cidades pequenas e cada vez menos aos destinos muito visitados, já que as pessoas estão evitando locais com uma grande aglomeração de turistas.

Eu tenho tido o prazer de estar envolvido com o projeto RECRIA e de ver as inúmeras maneiras com que o Turismo Criativo vem avançando no Brasil. As diferentes cidades e regiões do país conseguiram colocar em prática formas distintas e únicas de Turismo Criativo, reflexo tanto da diversidade criativa, quanto da quantidade de destinos disponíveis. Também é bom pontuar que o Brasil parece estar desenvolvendo o seu estilo próprio de Turismo Criativo, que reflete a preocupação com o desenvolvimento sociocultural no país. Há várias conexões entre o Turismo Criativo e o turismo de base local no Brasil, tendo em vista a ênfase no empoderamento de comunidades locais, com o objetivo de desenvolver a criatividade. Entretanto, existe também um forte envolvimento de instituições públicas, algo que produz iniciativas impulsionadas de baixo para cima, mas também de cima para baixo. Para mim, essa colaboração é o pilar do *placemaking* criativo, processo no qual diversos atores se engajam para melhorar o local onde as pessoas vivem. O Turismo Criativo pode ter um papel central nesses desenvolvimentos, porque, como nós originalmente idealizamos, há mais de 20 anos, ele envolve a cocriação entre turistas, moradores locais e os setores cultural e criativo.

O Turismo Criativo pode apoiar novos processos de *placemaking* criativo, conectando lugares, pessoas que ali moram e turistas. O desenvolvimento de modelos criativos pode ajudar a dar significado aos recursos tradicionais e modos de vida, tornando-os relevantes para as novas gerações. Se o turismo é, geralmente, entendido como um sistema de comercialização, transformando pessoas e lugares em experiências à venda, ele também pode ser visto como uma ferramenta para a descomoditização, na tentativa de criar uma relação entre as pessoas e os lugares, não só baseado meramente em aspectos econômicos. Os turistas criativos não apenas gastam mais, eles se envolvem mais, apoiam a cultura, a criatividade e apresentam um maior interesse nos lugares que visitam.

Larissa Almeida coloca em pauta, neste livro, questões bastante pertinentes relacionadas ao Turismo Criativo, o que nos faz lembrar que ainda estamos aprendendo sobre o tema e sobre a melhor maneira de desenvolver esse tipo de turismo em diferentes lugares. Ela pergunta: "Como podemos nos relacionar com o local?" e é neste ponto que o *placemaking* aparece, já que, ao envolver as pessoas que moram ali e os turistas nos processos do *placemaking*, o turismo se torna muito mais do que só ticar lugares em uma lista de viagem.

Outra pergunta feita é: "Como fazemos a magia acontecer?", reconhecendo que não é o suficiente apenas ter um ambiente bonito ou monumentos impressionantes. Os lugares também precisam desenvolver seu encantamento, algo com potencial para criar conexões entre as pessoas. Não é algo que se pode aprender em um manual e, na verdade, depende de que tipo de energia criativa é estimulada através do envolvimento da comunidade na atividade, como é o caso da RECRIA. O projeto ilustra bem o valor do *networking*, voltado à criatividade, permitindo, assim, que membros individuais façam a utilização da sabedoria coletiva. Isso tem permitido que modelos criativos possam se desenvolver e serem aplicados de uma maneira mais cuidadosa e sustentável, ao invés de uma produção em massa de modelos de turismo pré-definidos.

Esta publicação chega em um momento bem importante, onde o Brasil e todos os outros países precisam criar um turismo voltado ao "novo normal", em um mundo pós-pandemia. É evidente o quanto precisamos ser criativos nesse momento e como esse projeto possui uma riqueza de recursos que podem ajudar os destinos a lidar com os novos desafios que estão por vir.

Com sorte, este livro vai prover às pessoas a inspiração criativa que vêm procurando, com o intuito de melhorar o lugar onde vivem através de ideias mais criativas. Como os exemplos aqui apresentados mostram, esse não é um processo fácil. Mas pode ser bastante recompensador.

Greg Richards
Professor, Pesquisador, foi quem estabeleceu, junto com Crispim Raymond, o conceito de Turismo Criativo.

CHEGADAS, ENCONTROS E PARTIDAS

Desde muito pequena, lembro de perceber minhas ações como motivadas pelo bem comum, pela justiça, pela igualdade social. Nunca fez sentido, para mim, habitarmos um mundo abundante onde vive gente com fome. E ao lado desses valores tão significativos, também sempre estiveram a valorização do belo, do divertido, do que encanta. Acredito que as lutas não precisam ser carrancudas e que as ações, apesar de sérias e comprometidas, não precisam ser pesadas. Com esses valores no coração, caminhei pelas trilhas do desenvolvimento social até me encontrar com o Turismo Criativo.

Meu encontro com o Turismo Criativo foi avassalador. Sempre tive o sonho de conectar culturas e saberes. Minha utopia é um mundo sem barreiras, onde o centro e a periferia não são referências, mas interconexões. Um mundo no qual as pessoas se encontram e se reconhecem como parte de um todo, um mundo em que os saberes diversos são valorizados. E foi no Turismo Criativo que encontrei uma forma de construir a utopia pela qual sempre lutei: elementos que me permitem agir em prol de um desenvolvimento integral, estimulando encontros e conexões de forma encantadora e onde o que inicialmente foi situado, pelo senso comum, como pertencente à periferia, não é enxergado apenas em função de sua suposta característica exótica, mas apresentado em toda sua beleza e potência contidas justamente na diversidade.

Muitas coisas aconteceram a partir deste encontro e que só reforçaram minha crença na potência do Turismo Criativo para estimular o desenvolvimento territorial. Pude executar muitas ações utilizando essa plataforma e, da prática, veio a necessidade de sistematizar o conhecimento, tanto aquele que eu havia experienciado, quanto o conhecimento daqueles que vieram antes e que têm pesquisado, estudado e aplicado o Turismo Criativo em suas diversas nuances.

Este livro foi gestado por muito tempo. Era um desejo antigo conseguir materializar um conhecimento que pudesse estimular muitos seres a agirem beneficamente ao mundo. Quis o Universo que ele saísse justamente quando nós não podemos sair, enquanto estamos confinados em casa, vivenciando a pandemia do Covid-19. E isso é uma informação importante! Ele nasce de uma pulsão de vida que acredita fortemente que a humanidade está passando por uma transição no modelo hegemônico de vida e que precisa repensar o consumo, as relações, os afetos. A comunidade se mostra como um ponto relevante de suporte para a revitalização da humanidade, baseada nas relações de cuidado.

Acredito fortemente que o Turismo Criativo pode nos ajudar a pensar sobre quais tipos de relações desejamos estabelecer com as pessoas e com os lugares. De que forma iremos pensar o desenvolvimento local? Como os negócios irão se relacionar entre si e com seus clientes?

Aqui, não trago receitas para a reorganização do setor Turismo. Trago reflexões sobre qual turismo queremos construir a partir da realidade que nos foi imposta – e que ajudamos a manter ou a transformar.

Neste livro, eu convido você a começar uma viagem percorrendo os caminhos que foram se abrindo e facilitando a fusão entre ativos culturais e ativos criativos, permitindo que aqueles que são considerados os elementos mágicos desta receita, os criativos, florescessem. Em seguida, você poderá vislumbrar o Turismo Criativo e ter um panorama amplo sobre que lugar é esse onde está sendo convidado a mergulhar. O passeio segue e tudo (ou quase tudo) do destino Turismo Criativo é colocado na mesa, de bandeja, para que você experimente. Mas não somente isso: a partir dos tópicos seguintes, faço um convite ao aprofundamento do olhar, à imersão no processo de como é gerada e estabelecida uma experiência de Turismo Criativo e quais lugares já estão se beneficiando por meio desta prática. Já ambientados com o tema, juntos veremos como o Turismo Criativo e os resultados criados e obtidos a partir dele se potencializam na sociedade a partir das redes e de seu uso como estratégia de desenvolvimento territorial. Para encerrar esta breve, porém profunda viagem, convido você a amplificar as perguntas: quais são os desafios a serem transpostos pelo Turismo Criativo? Quais cenários podemos elaborar a partir daqui?

Nem tudo são flores neste roteiro de viagem, eu sei. A proposta traz consigo uma utopia aparentemente – e talvez apenas aparentemente – distante. Porém, afirmo: quanto mais de nós passarmos a olhar o mundo através de lentes de confiança e afeto, mais possível será cocriarmos uma revolução.

Então vamos começar.

TURISMO, CULTURA E OS CRIATIVOS

❧❧❧

A criatividade e as artes são parte essencial de ser e se constituir como humano. É também por meio das expressões artísticas que os indivíduos e os coletivos decodificam sua imaginação e elaboram o entendimento do mundo ao seu redor. Histórias, crenças, linguagens são estruturas de uma cultura que é expressa nas artes plásticas, na música, no teatro e em todas as demais manifestações artísticas.

A atividade turística sempre envolveu o consumo de cultura. Ainda na Antiguidade, viagens organizadas com o intuito de apresentar às classes abastadas os clássicos da humanidade, na forma de jornadas de conhecimento, faziam parte do processo educativo dos novos líderes. A partir da Revolução Industrial, os museus se estabeleceram como pontos essenciais de caracterização de uma determinada cultura. Neles, passou a ser apresentado tudo o que é considerado significativo sobre um território, um povo, um saber, do ponto de vista, não surpreendentemente, da cultura dominante. A partir deste momento, em que os museus passam a conter, representar e sintetizar a história de uma região, transformam-se em um pilar para o Turismo de Massa[1], uma vez que o visitante pode, em um único espaço, consumir os principais símbolos do lugar e ouvir a história considerada oficial de maneira otimizada.

Com a emergência da globalização, os fluxos entre diferentes países se tornaram mais fáceis e, então, a parceria entre Turismo e Patrimônio se profissionalizou, com ações decididas e planejadas conjuntamente. Detentores de diversas estruturas públicas monumentais, governos e administradores passaram a entender, a partir daí, que as duas áreas, Turismo e Patrimônio, poderiam trabalhar juntas e se retroalimentar: o patrimônio cultural sendo utilizado para prover o turismo de produtos e, no sentido contrário, os recursos angariados com o turismo, empregados para a manutenção patrimonial. Neste contexto, há várias questões que precisam ser consideradas. Por exemplo: de que maneira o mercado influencia o reconhecimento de qual patrimônio cultural é considerado "valoroso" e de que forma isso se reflete em sua preservação ou desvalorização? Como a massificação da cultura, estimulando cada vez mais seu consumo superficial, contribui para a transformação cultural e para o apagamento da memória? Pode o patrimônio cultural, assim sujeito aos valores de mercado, sofrer uma pressão de padronização universal a fim de atender possíveis "clientes",

---

1 Turismo de Massa é a modalidade de turismo mais convencional. Ela é sazonal, pois coincide com os períodos de férias dos estudantes e dos trabalhadores, praticada por pessoas que buscam conhecer lugares tradicionais, com custos acessíveis, desfrutando de algum conforto. Tende a ser passiva, realizada por meio de pacotes turísticos, que são viagens adquiridas via agência de viagens e que geralmente incluem transporte, hospedagem e guia local. Esse tipo de turismo suscita diversas reflexões sobre os impactos negativos do turismo nas comunidades.

levando à perda de sua originalidade? São diferentes e profundas questões que, embora representem assuntos para demais livros, não podem ser desconsideradas.

O uso atual da arte e da criatividade como elemento propulsor para o turismo foi promovido por um outro movimento, para além do fluxo de globalização e da relação entre Turismo e Patrimônio: a ascensão das indústrias criativas. Com o avanço da mecanização e a disseminação das tecnologias de informação e comunicação (TICs), as atividades mecânicas, que não dependem, necessariamente, da ação das pessoas, foram, com o passar do tempo e paradoxalmente, perdendo espaço para as atividades mais criativas, mais humanistas. O desenvolvimento de atividades baseadas em criatividade passou a ganhar maior espaço e aceitação social nas mais diferentes áreas do conhecimento. Hoje, já não é mais visto com tanto estranhamento alguém escolher se ocupar profissionalmente como desenhista, por exemplo, ao invés de se tornar engenheiro... E, neste sentido, as próprias TICs vêm propiciando que os criadores artísticos se tornem mais independentes das grandes estruturas para produzir e distribuir seus produtos e serviços. A internet está aí, uma plataforma aberta conectando pessoas e distribuindo sua produção, disponibilizando um mar sem fim de ferramentas que diminuíram a necessidade de infraestrutura. Agora, cada pessoa pode ser uma "indústria", com uma ideia na cabeça e a internet à disposição.

Com base nesta realidade, ganhou destaque o que Richard Florida, em 2002, chamou de classe criativa. Classe criativa é uma expressão empregada para designar um grupo de pessoas cuja atividade é baseada no uso intensivo do conhecimento e que atua ressignificando e desenhando novos sentidos ao capital cultural. Capital cultural aqui entendido como o conjunto de conhecimentos, habilidades e expressões de um indivíduo ou de um território. Os criativos são pessoas que possuem saberes e habilidades específicas e os expressam de forma peculiar, misturando referências do conhecimento artesanal, originário, a expressões criativas atuais, como design, mídias sociais, audiovisual e comunicação, que ajudam a traduzir esses saberes para uma linguagem mais alinhada à contemporaneidade. A existência de criativos em um território contribui para o estabelecimento da atmosfera criativa e a atmosfera criativa, por sua vez, acaba por atrair mais criativos, nutrindo um ciclo virtuoso.

Pessoas contando suas histórias são a matéria prima do Turismo Criativo. E neste cenário, produzir e consumir a cultura do local dissocia-se de grandes investimentos em infraestrutura, pois cada pessoa é enxergada e reconhecida como um potencial ofertante. O esforço maior precisa, então, ser direcionado a conectar os ativos a fim de que se estabeleça um sistema de oferta, potencialização e retroalimentação da criatividade.

UMA BREVE VIAGEM ENTRE O TURISMO CULTURAL E O TURISMO CRIATIVO

♦♦♦

A parceria entre o turismo e a cultura surgiu da ideia inicial de gerar sustentabilidade para ambos: a cultura oferecendo os produtos para a oferta turística e o turismo retroalimentando a cultura com os recursos captados. Nesta lógica, o Turismo Cultural estimula o lazer e favorece o conhecimento utilizando os elementos culturais do local, como sua arquitetura, seu patrimônio material, seus museus, seus símbolos históricos e eventos de diversas naturezas. Exposto desta maneira, pode-se ter a falsa noção de que o Turismo Cultural é, por si só, uma alternativa sustentável ao turismo massivo de sol e mar, mas essa é uma ideia equivocada. O Turismo Cultural não gera, obrigatoriamente, turismo sustentável, inclusive porque, tradicionalmente, volta-se para as expressões materiais da cultura e se ocupa menos da cultura expressa pelas pessoas no dia a dia, aquela que é criada nas particularidades e vivências do cotidiano. E, de fato, quando mal planejado, voltado primordialmente para as formas e menos para as pessoas e suas histórias, acaba se transformando no Turismo Cultural de massa. A cidade italiana de Veneza é o principal exemplo disso: investiu-se em um Turismo Cultural que logo se massificou e sofreu as consequências de uma estratégia turística pouco ou nada planejada.

Sim, o Turismo Cultural de massa tem a capacidade de atrair um número maior de pessoas para o destino, e isso pareceu muito sedutor a princípio. Mas o que se viu depois foi que esses turistas chegam ao local desprovidos de desejo e motivação genuínos para sorver as riquezas locais, expressando um comportamento de maratonista de viagem: aquele que deseja ver o maior número de atrações no menor tempo possível a fim de receber como prêmio o maior número de *checks*. Essa rotatividade, no lugar da valorização e integração, gera maior desgaste tanto ao local quanto ao patrimônio, estimula a maior concorrência entre os produtos e resulta na desvalorização do produto cultural, levando adicionalmente à perda de sua autenticidade, em um ciclo que empobrece gradativamente o local até seu esgotamento.

Além deste empobrecimento gradual, outro fenômeno tem lugar na prática do Turismo Cultural, que é a padronização de estratégias. Apesar da cultura ser naturalmente um elemento de diferenciação, uma vez que cada localidade tem a sua própria, muitos destinos acabam por adotar estratégias similares para atrair novos turistas, como é o caso da construção de ícones e da organização de festivais. Você já deve ter visto ou até mesmo tenha uma *selfie* em algum ícone colorido com os dizeres Eu Amo (insira aqui o nome da cidade) ou, simplesmente, ao lado do nome da cidade em concreto, que são ótimos pontos para fotografar. De fato, essas estratégias fazem com que, em tempos de redes sociais, a marca da cidade se espalhe rapidamente, ou "viralize". Porém, seu uso indiscriminado acabou por gerar uma padronização da cultura, afinal, diferentes cidades passaram, apenas, a reproduzi-las, sem transformá-las em uma abordagem original e inovadora que realmente apresente a realidade e a cultura local, o que se torna mais uma faceta do problema da massificação e não soluciona a questão central: os efeitos nocivos do turismo de massa sobre os destinos turísticos.

Como alternativa a este tipo de turismo, baseado na massificação da cultura, um outro tipo de experiência turística passou a ser valorizada. Um turismo de pequena escala, desenvolvido e construído de baixo para cima, com a participação efetiva da comunidade tanto em seu desenvolvimento quanto em sua gestão: o Turismo de Base Comunitária. O Turismo de Base Comunitária é uma estratégia que vai além de ser um segmento do turismo. É uma tecnologia de desenvolvimento territorial em que a cultura é a cola que une a comunidade local à curiosidade do visitante.

Evidenciando a importância de se criar uma alternativa mais sustentável ao Turismo Cultural de massa, a *European Tourism Comission* (ECT), em seu relatório do ano de 2005, ressaltou que o destaque cultural não se mostra suficiente para sustentar o interesse em determinado destino, uma vez que a demanda intensiva por esse tipo de turismo acaba por gerar a massificação do ativo cultural, diminuindo o capital cultural do local. E é justamente em função deste efeito que a importância dos ativos criativos se torna ainda maior.

Neste ponto, a fim de continuarmos o trajeto em direção ao Turismo Criativo, é preciso evidenciar a diferença primordial entre ativos culturais e ativos criativos em termos de impacto e sustentabilidade turística para o local. Os ativos culturais estão mais relacionados aos aspectos tangíveis da cultura: patrimônio, museus, ícones, aquilo que simboliza a história contada, já estabelecida. Os ativos criativos, por sua vez, são os aspectos da cultura expressos pelas pessoas a partir de seus saberes. Tais saberes abarcam a cultura intangível: as tradições, o imaginário, as histórias, a capacidade criativa. Que, por se ancorar na criatividade pessoal, torna-se uma fonte quase infinita de possibilidades. A maior valorização dos ativos criativos é mais do que uma alternativa; é uma mudança paradigmática. E um fato contribuiu de maneira decisiva para esta mudança de visão e paradigma a respeito do turismo: uma significativa mudança no perfil do consumidor. O cliente contemporâneo passou a se interessar mais por experiências, a buscar um sentido, a priorizar atividades que o façam sentir. Esse deslocamento de demanda afetou, também, a produção: os produtores da oferta turística foram levados a agregar valor ao seu produto, oferecendo experiências mais integrais, que estimulassem todos os aspectos sensoriais e os sentidos internos do ser. E isso depende de uma coisa fundamental: criatividade. É quando se apresenta, em toda sua potência, a Economia da Experiência, como postulado em 1999 por Joseph Pine II e James H. Gilmore.

A esse anseio por experiências que pudessem ser vividas de maneira mais integral se seguiu um desejo de exclusividade, dando lugar à demanda por atividades moldadas para o indivíduo. E não apenas moldadas, mas dependentes também dele, que pode participar de sua criação, cocriando, participando ativamente da construção de sua experiência turística naquela localidade, retroalimentando o desejo de descobrir sua própria criatividade, numa dinâmica em que a produção e o consumo não podem mais ser distinguidos, posto que estão intimamente imbricados: o consumidor produz e o produtor consome.

▰▰▰

CHEGAMOS AO TURISMO CRIATIVO?

▰▰▰

※※※

Como vimos em nosso percurso até aqui, foi o cruzamento de diversas tendências que estimulou o surgimento do Turismo Criativo: o fortalecimento das indústrias criativas; a necessidade de diferenciação do destino a partir de seu capital cultural; a homogeneização dos destinos, resultado do Turismo Cultural de massa que leva à desvalorização dos ativos culturais; e a transformação da demanda trazida pelo consumidor, que passou a buscar experiências significativas nas quais tem papel ativo na produção.

Neste contexto, foi criado na Europa, no final da década de 1990, o Projeto Eurotex: a criação de uma rede europeia conectando governos, associações de artesãos e instituições de turismo e de ensino com o objetivo de estimular a sustentabilidade e a manutenção do patrimônio cultural utilizando o turismo como plataforma. A ideia era incentivar a troca de experiências e estabelecer boas práticas, de forma que o turismo pudesse dar suporte às atividades artesanais que entregam valor cultural a um local. Da mesma forma que o Turismo Cultural utiliza a prática turística para gerar recursos que mantêm o patrimônio, no Projeto Eurotex a ideia era que o turismo gerasse renda para o sustento dos artesãos e, consequentemente, para a manutenção das tradições. Naquele momento histórico, o comportamento do consumidor já passava por uma mudança, com o aumento do interesse pela experiência: o desejo de ver como os produtos eram feitos, de aprender como fazer, de fazer parte daquela vivência. Assim, foram propostas oficinas onde os visitantes podiam conhecer e participar do processo de confecção de diferentes peças artesanais. Esse contato com as pessoas, com os processos, com o contexto, revela ao turista novas realidades e, por consequência, convida-os a valorizar o artesanato porque, agora, estão cientes do processo e do contexto em que aquela peça é produzida, o que contribui para a diferenciação do produto cultural, especialmente frente aos concorrentes manufaturados baratos. Eis, portanto, o embrião do Turismo Criativo.

É importante ressaltar que o Turismo Criativo se posicionou como estratégia não apenas porque os turistas estavam entediados, em busca de experiências significativas. Mas, também, porque os agentes de turismo e os destinos estavam buscando novas formas de se relacionar com os turistas. Os destinos buscavam alternativas para vender seus atrativos criativos e seus ativos culturais como estratégia para fortalecer a identidade local e, assim, renovar a oferta turística com atividades que apresentassem todo o seu espectro criativo. O Turismo Criativo foi e é, portanto, impulsionado por fatores que emanam da esfera do consumo e da produção. Isso inclui a natureza cada vez mais qualificada do consumo, a crescente importância das experiências e o maior papel da cultura intangível e cotidiana no turismo.

E, AFINAL, COMO PODEMOS DEFINIR O TURISMO CRIATIVO?

※※※

A definição de Turismo Criativo vem evoluindo ao longo do tempo. Os primeiros autores a cunhar uma definição foram Greg Richards e Crispin Raymond que, no início dos anos 2000, situaram-no como sendo um nicho dentro do mercado de turismo e o definiram como:

> "(...) o turismo que oferece aos visitantes a oportunidade de desenvolver seu potencial criativo através da participação ativa em cursos e experiências de aprendizagem que são característicos do destino de férias onde são realizados." (RICHARDS; RAYMOND, 2000, pag. 19).

Em 2006, a Rede de Cidades Criativas da UNESCO definiu Turismo Criativo como uma viagem orientada a viver uma experiência de aprendizagem autêntica e participativa nas artes, cultura ou manifestação peculiar de um lugar, de modo a criar uma conexão com aqueles que residem nesta localidade e contribuir para manter viva essa cultura.

Crispin Raymond, em 2007, com base em sua experiência no desenvolvimento do Turismo Criativo na Nova Zelândia, definiu-o como sendo um modelo mais sustentável de turismo que proporciona uma experiência autêntica da cultura local através de *workshops* e experiências criativas. Esses *workshops* podem acontecer em pequenos grupos na casa do anfitrião ou em ateliês que permitem ao visitante exercitar sua criatividade enquanto se aproxima da população local.

O professor mexicano Sergio Molina, em seu livro *Turismo creativo: el fin de la competitividade*, publicado em 2011 e ainda sem tradução para o português, apresenta-o como uma estratégia de desenvolvimento local baseada na participação comunitária, a fim de criar um cenário adequado para interesses e expectativas da comunidade. Este processo é ativado por parceiros estratégicos, tais como instituições do setor público, investidores, empresários e organizações não governamentais. Neste esquema, o mercado atua como uma ferramenta voltada para alcançar os objetivos de desenvolvimento econômico e social da comunidade. Este conceito reflete, portanto, um modelo de desenvolvimento comunitário em que o Turismo Criativo se torna uma plataforma de colaboração entre os diferentes participantes do processo, buscando a integração com a comunidade e tendo como base a colaboração entre diversos agentes, estabelecendo relações que valorizam e promovem o desenvolvimento humano, social e econômico da comunidade. Ou seja, trata-se da valorização da cultura, do ambiente e das pessoas.

Assim como a dimensão comunitária, a dimensão criativa também evoluiu ao longo do tempo. Considerando tais aspectos, em 2014, Greg Richards redefiniu o conceito de Turismo Criativo

E. AFINAL, COMO PODEMOS DEFINIR O TURISMO CRIATIVO?

como sendo as atividades criativas baseadas em conhecimento que conectam produtores, consumidores e população local, utilizando tecnologia, talento ou habilidade para gerar produtos culturais de significado intangível, conteúdos criativos e experiências para os viajantes e moradores.

Há diferentes perspectivas para se compreender o turismo criativo:

1) *Perspectiva de mercado:* compreende-se o Turismo Criativo como um nicho do mercado de turismo.

2) *Perspectiva de modelo de atividade:* quando o Turismo Criativo é compreendido como um modelo de turismo mais sustentável, baseado na experiência criativa de pequenos grupos, na oferta pulverizada entre pequenos empreendedores criativos e sem a participação de grandes operadoras.

3) *Perspectiva do desenvolvimento territorial:* aqui, o Turismo Criativo é entendido como uma estratégia. O turismo, por si só, tem o potencial de envolver muitos agentes econômicos de uma mesma comunidade, posto que demanda ampla variedade de serviços. O Turismo Criativo, especificamente, tem como premissa a valorização dos ativos culturais locais, fortalecendo a cultura e promovendo a autoestima da comunidade. Essas duas características, aliadas, fazem com que o Turismo Criativo se apresente como profícua ferramenta de desenvolvimento territorial, uma vez que agrega a questão econômica, cultural e afetiva de modo a estimular o desenvolvimento regional integral.

4) **_Perspectiva das cidades inteligentes:_** como uma plataforma que conecta os diversos ativos do local e estimula o desenvolvimento de uma ambiência que retroalimenta a criatividade e atrai viajantes e criativos.

Deste modo, olhando em retrospectiva, Duxbury e Richards ajudam a traçar um panorama que evidencia o amadurecimento e a evolução progressiva do conceito de Turismo Criativo, o qual pode ser sintetizado da seguinte maneira:

- inicialmente, o Turismo Criativo é definido por se alicerçar em atividades que propiciam aprendizagem e que são um complemento às atividades produtivas dos anfitriões;
- com a evolução do conceito, passam a se destacar as interações de aprendizagem que favoreçem a maior conexão com aqueles que residem no lugar e que ajudam a manter viva aquela cultura;
- com seu amadurecimento, o conceito se dirige à ampliação da integração entre o turismo, a economia criativa, os produtores, os consumidores, os territórios. Tudo passa a se interconectar a fim de gerar produtos culturais intangíveis significativos, conteúdos mais amplos e profundos e experiências relevantes;
- finalmente, passa a contemplar um turismo relacional, no qual as atividades são fortemente ancoradas na cocriação de experiências facilitadas por redes entre pessoas. Esse processo pode ser entendido na perspectiva do micro consumo, combinada com turistas que projetam e cocriam suas atividades criativas e suas experiências sem um destino específico.

E. AFINAL, COMO PODEMOS DEFINIR O TURISMO CRIATIVO?

E podemos ampliar ainda mais o olhar que destinamos ao Turismo Criativo e, em termos das relações de produção e consumo que é capaz de gerar, compreendê-lo como multifocal:

- *Foco na produção*: focado nos produtores de atividades criativas que podem utilizar as ações que já desenvolvem para propor experiências criativas.
- *Foco no consumo*: focado no uso da criatividade como marca do local de destino. Este aspecto está fortemente relacionado à promoção de atividades que colaborem para uma ambiência criativa que possa despertar no viajante o interesse por vivenciar as experiências do local, motivado pelas oportunidades de aprendizagem e interação.
- *Foco na comunidade:* quando o Turismo Criativo é utilizado como plataforma. Por ser uma atividade que não requer grandes investimentos em infraestrutura e cujo elemento principal é o conhecimento endógeno da comunidade, a abordagem do desenvolvimento comunitário está contida no Turismo Criativo e pode ser entendida como um elemento transversal da sua estruturação.

Turismo criativo, portanto, é o desenvolvimento de atividades que têm como objetivo oferecer uma experiência de aprendizagem autêntica e participativa, motivada pelo desejo do visitante de aprender algo peculiar sobre o local visitado e cuja vivência é facilitada por um anfitrião que tem a expressão criativa apresentada inserida no seu cotidiano. Observando este conceito, é possível perceber que o turismo criativo se ancora na aprendizagem, na cocriação e na integração entre pessoas e delas com o território, com isso em mente, é possível ampliar o entendimento e aplicar o conceito de turismo criativo nas mais diversas esferas.

O que emerge da ampla exposição anterior a respeito das definições e entendimentos sobre o Turismo Criativo é que dependem muito do contexto em que está sendo analisado e do ponto de vista de quem o está definindo e de quais as suas intenções. À medida que o turismo criativo cresce, o significado e as atividades contidas nele também se expandem para além das experiências de aprendizado inicialmente apontadas por Richards e Raymond no início dos anos 2000. Além disso, é importante ressaltar que uma perspectiva não exclui a outra: o Turismo Criativo pode ser utilizado como modelo de desenvolvimento da atividade turística ao mesmo tempo em que promove desenvolvimento territorial. Da mesma forma, pode conviver com outros tipos de turismo. Por exemplo: uma mesma experiência pode ser entendida tanto como Turismo Criativo quanto como Turismo de Base Comunitária, uma vez que não são conceitos excludentes, inclusive porque carregam em seus cernes a proposta de valorização das riquezas endógenas do território.

Na verdade, a própria flexibilidade do conceito é parte do apelo do Turismo Criativo. Ele parece poder se adaptar a uma variedade de diferentes necessidades em diferentes lugares. Entretanto, ao desenvolver produtos e projetos que pretendem ser entendidos como ações de Turismo Criativo, é importante observar as premissas básicas de integração da comunidade local, originalidade, criatividade, aprendizagem, cocriação e cuidado com as relações. Muitos produtos têm contribuído para o esvaziamento do sentido do que é "criativo". Nem sempre uma atividade pode ser considerada Turismo Criativo apenas por ter em seu contexto formas coloridas ou uma música tocando ao fundo... A criatividade conta histórias, gera transformação. E algumas localidades já vislumbraram esse poder transformador e estão começando a criar estruturas explícitas nas quais o Turismo Criativo pode ser desenvolvido. Mas ainda há muito a ser feito.

O PAPEL DA COCRIAÇÃO NO TURISMO CRIATIVO

A cocriação é um processo baseado em interações de alta qualidade que permitem às pessoas envolvidas na atividade vivenciar experiências únicas. O valor da experiência não está na oferta do produto ou serviço em si, mas no estabelecimento de um ambiente em que a pessoa é ativa na construção da experiência que faz sentido ao seu contexto. A cocriação emerge como tendência quando os sintomas da configuração das relações e comportamentos contemporâneos, fluidos e efêmeros, sustentados no capitalismo globalizado, mostram-se exacerbados e as pessoas, em resposta, passam a buscar por interações mais significativas, pautadas pelos aspectos subjetivos e não mercadológicos, interações que possibilitem a conexão a partir daquilo que nos torna humanos.

    Acompanhando a mudança nos anseios das pessoas, a Economia da Experiência se apresenta como uma estratégia de *marketing* para assegurar a satisfação e a lealdade dos clientes: se antes os produtos precisavam ser bons e cumprir sua função, agora eles precisam despertar sensações, fazer sentido e fazer sentir. Esse novo consumidor é altamente especializado, busca experiências de aprendizagem genuínas. Mais do que o acúmulo de produtos, ele agora deseja desenvolver habilidades que lhe possibilitem, também, elaborar a experiência que vivenciará como forma de adaptá-la ao seu contexto e, assim, poder experienciar uma imersão integral. E o processo que satisfaz esse anseio é, justamente, a cocriação.

A cocriação é um processo fundamental do Turismo Criativo. É por meio da cocriação que todos os envolvidos na experiência utilizam seus conhecimentos, influenciando o produto final. O visitante deseja viver o lugar para além de sua estrutura: ele deseja sentir o lugar numa mistura entre as suas referências e as do anfitrião. Nesse contexto, temos uma indivisibilidade de quem é produtor e de quem é consumidor, uma vez que o visitante também produz e o anfitrião também consome. Essa dinâmica complexa possibilita que as atividades criativas sejam prazerosas, desafiadoras e fonte inesgotável de novidades, pois cada interação estabelecida vai demandar habilidades diferentes para o estabelecimento de experiências diferentes. O quanto se aproveita da experiência é proporcional ao quanto se está aberto a vivenciá-la e essa abertura também influenciará na profundidade da transformação individual e coletiva e no grau de aprendizagem advindo da experiência. Essa interação transforma, também, o anfitrião e sua oferta de Turismo Criativo e, a partir da aprendizagem, o processo se retroalimenta, gerando assim a cocriação não apenas da experiência em si, mas do ambiente cocriativo, que permite inumeráveis experiências em torno da mesma temática.

Aqui, é possível perceber que o consumo do Turismo Criativo implica uma transição da valorização dos símbolos externos de *status*.

Em outras palavras, o mero acúmulo numérico de pontos turísticos que se visitou em uma viagem cede lugar para a valorização de elementos pessoais, internos. Ao invés de simples contabilidade de quantos lugares se visitou no menor tempo possível, o viajante leva consigo uma relação que se estabeleceu, por exemplo, ao aprender a curtir o couro com um vaqueiro que tem essa arte como ofício de família há várias gerações.

O QUEBRA-CABEÇAS
DO TURISMO CRIATIVO

♦♦♦

O Turismo Criativo não se baseia em um único modelo que pode ser reproduzido em diferentes contextos. Um modelo bem sucedido em um território pode falhar absurdamente em outro com características similares, se for realizada apenas uma transposição do modelo, sem considerar as peculiaridades do local.

Com base nesta afirmação, o primeiro elemento a ser observado é o **território**. O território é um recurso em si mesmo, que se elabora a partir das relações estabelecidas entre suas partes. O território tem vida própria, nuances e peculiaridades e essas características são fundamentais para o desenho das atividades de Turismo Criativo, uma vez que elas apresentam ou estão relacionadas ao modo de vida e ao cotidiano do local. Esse cotidiano é construído e apresentado pelos **anfitriões** de experiências criativas. O anfitrião de Turismo Criativo pode ser qualquer pessoa que tenha, inserido no seu cotidiano, uma prática criativa intrinsecamente conectada à cultura local para compartilhar. Richard Florida, já mencionado, faz alusão a uma classe criativa constituída por pessoas engajadas em atividades criativas, atraídas a um local justamente em função da atmosfera criativa desta localidade. Ser uma cidade atrativa para a classe criativa também acaba por atrair um público visitante especializado e interessado em se conectar a essa atmosfera e a aprender sobre ela e com ela.

O **visitante** interessado em experiências de Turismo Criativo é, desta maneira, um consumidor especializado, que é ativo no desenvolvimento da experiência. A este visitante, alguns autores também deram o nome de *Prosumer*: um consumidor mais envolvido com o processo, que acaba influenciando o desenvolvimento do produto e contribuindo para o surgimento de uma relação de consumo mais complexa. Esse consumidor está envolvido tanto no processo de produção quanto no processo de consumo do produto, serviço ou experiência turística.

Como mencionado anteriormente, e que fica explícito agora, o Turismo Criativo se baseia em ativos intangíveis, especialmente naqueles que dizem respeito à inteligência do território: histórias, saberes, crenças, práticas. Esse tipo de turismo, além de diversificar a oferta turística e aumentar a demanda do destino, também pode atuar como estratégia de desenvolvimento da atmosfera criativa de uma cidade. Contribui, desta maneira, para a elevação do *borogodó*[1] local.

Sensibilidade, encantamento e uma pitada de magia: A EXPERIÊNCIA

Não há receita de bolo para desenvolver uma experiência de Turismo Criativo. Considerando seu conceito, já apresentado anteriormente,

---

1 Borogodó é uma expressão brasileira que se refere à qualidade do que é encantador, mágico. É equivalente ao francês *Je ne sais quoi*, mas com um brilho que só o Brasil tem. Assemelha-se ao *hype*, mas carrega mais charme e encanto.

e de acordo com os princípios da Economia da Experiência, chegamos a um grupo de elementos que estão fundamentalmente presentes em uma experiência de Turismo Criativo engajadora.

E para reforçar a diferença entre a experiência promovida pelo Turismo Tradicional e aquela que é promovida pelo Turismo Criativo, a tabela cumpre bem este papel. Veja:

Turismo Tradicional	Turismo Criativo
Tem, como matéria-prima, grandes infraestruturas, como hotéis, museus e monumentos	Sua matéria-prima vem da identidade local e da criatividade do povo
A relação é estabelecida a partir da funcionalidade do equipamento. Ou seja, o hotel precisa ser o melhor e mais bem equipado.	O foco está relação construída entre o consumidor e a comunidade visitada. O visitante aceita uma estrutura mais simples que propicie uma experiência mais autêntica.
É orientado pelo produto e pela concorrência.	É orientado para oferecer experiências únicas e gerar valor para o cliente e desenvolvimento para o destino.
Trabalha uma abordagem comercial baseada em argumentos racionais.	Propicia um consumo totalmente emocional.
As plataformas de operação são tradicionais e nem sempre privilegiam a colaboração e otimização dos recursos.	A operação é multiplataforma, multidisciplinar e bastante variada.

Tabela 1. Principais diferenças entre o Turismo Tradicional e o Turismo Criativo

Observando a tabela anterior, é possível perceber que, no Turismo Criativo, o foco está orientado para a entrega de serviços que proporcionem uma experiência profunda e sinergética que estimulem o estabelecimento de uma relação emocional com o destino. Isso é conseguido criando-se uma ambiência que estimula os sentidos, os sentimentos e a mente. Também é importante que a experiência seja holística e integrada, ativando o maior número de sentidos e sentimentos possíveis, causando a sensação de fluxo, de ter entrado em um universo paralelo criativo.

Adicionando ao contexto do Turismo Criativo tanto os princípios da Economia da Experiência de Pine e Gilmore quanto os aprendizados de minha própria prática profissional, chegamos a alguns elementos que precisam estar presentes e que se constituem como o centro da transformação de um simples serviço em uma experiência criativa. São eles: o sentido, o sentimento, a aprendizagem, a ação, a identificação e a cocriação.

Sentido: O sentido tem duas orientações: relacionado às percepções humanas e relacionado à maneira de pensar ou de enxergar algo. A experiência relacionada às percepções humanas é aquela orientada para atividades que estimulam os sentidos – visão, audição, tato, paladar, olfato –, o objetivo é promover uma sinestesia de modo que a experiência acesse uma emoção que imprime a experiência na memória. Já a experiência relacionada à maneira de ver ou de pensar precisa estar alinhada aos valores do visitante, à forma com que ele enxerga o mundo, de modo que faça sentido para ele.

Sentimentos: É fundamental para uma experiência que ela inclua atividades que estimulem o afeto, o carinho, a alegria e que ajudem a estabelecer uma conexão afetiva entre o visitante e o território visitado. Essa experiência tem um grande potencial de gerar um cliente defensor, aquele que divulga e defende o destino.

Aprendizagem: Ocorre quando são oferecidas atividades que estimulam a criatividade e que representam uma novidade para o visitante: atividades que estimulam o pensamento livre, flexível e original e que são capazes de gerar aprendizagem de novas habilidades. Algumas pessoas podem apresentar resistência a se engajar em atividades que as tirem de suas zonas de conforto, mesmo que tenham sido elas mesmas a buscarem por isso, e, nesse caso, o convite a fazer parte precisa ser elaborado de modo a deixá-las confortáveis e abertas à experiência.

Ação: Capaz de proporcionar experiências físicas, de fazer o visitante colocar a mão na massa, a fim de que ele mesmo perceba o desenvolvimento de novas habilidades criativas proporcionadas pela experiência. É comum encontrarmos pessoas que chegam para uma atividade de Turismo Criativo dizendo que não sabem fazer nada e que, ao final, acabam por se surpreender com o que conseguem depois que se permitem fazer. Quando desenvolvemos trabalhos manuais dentro de uma experiência de Turismo Criativo, por exemplo, a percepção e a intuição são áreas mais trabalhadas, tornando possível que o pensamento faça um caminho diferente daquele traçado no raciocínio lógico, o que, muitas vezes, faz com que nos surpreendamos com nossas próprias capacidades.

Identificação: A experiência de identificação tem a ver com ser verdadeiro na entrega, em oferecer atividades que sejam genuinamente do local e significativas para o anfitrião. Quando isso acontece, um sentimento de verdade, transparência, vulnerabilidade é transmitido para quem vivencia a experiência e, a partir da sua leitura da situação, o visitante é capaz de perceber como aquelas questões fazem sentido para ele, estabelecendo-se, assim, um fluxo de alteridade. Por exemplo: conhecer um artesão de couro que produz Gibão e conversar com um vaqueiro a fim de compreender o significado daquela indumentária para ele e para sua atividade, coloca o turista em contato direto com a cultura local, tornando possível uma experiência pessoal que tem o poder de, ao voltar para sua cidade de origem, alterar profundamente sua relação com seu próprio trabalho.

Cocriação: Como já mencionado, a cocriação é a base da relação entre o consumidor e o produtor no Turismo Criativo, entre o visitante e o anfitrião. Estimula a troca de conhecimentos de modo a fornecer uma experiência única, baseada nos interesses e necessidades de ambos os lados. Esse fundamento dá a tônica do produto turístico criativo porque é o processo que mistura a ação criativa e a aprendizagem resultante da relação estabelecida entre o visitante e a comunidade visitada.

Os elementos anteriores – sentido, sentimentos, aprendizagem, ação, identificação e cocriação – são considerados as principais marcas do Turismo Criativo. Porém, outros autores chamam a atenção para questões adicionais que precisam ser levadas em conta no planejamento e elaboração de uma experiência turística criativa. São elas:

Consciência: Um pré-requisito que não depende do anfitrião e se apresenta como uma condição interna do visitante, tendo relação com seu próprio despertar. O visitante precisa estar disponível e consciente desta disponibilidade a fim de vivenciar uma experiência transformadora. A consciência se conecta com o elemento do sentido, uma vez que precisa fazer sentido para ele.

Desejo: Por que as pessoas querem se engajar em uma atividade de Turismo Criativo? É preciso compreender o que as pessoas buscam na experiência. Elas desejam novidade? Relaxamento? Diversão? Vivência social?

Criatividade: É a dimensão que traz os desafios, a novidade, o componente experiencial. Alinha-se com a ação, com a identificação e com a singularidade da experiência. A criatividade toma forma nos resultados da experiência, quando o visitante percebe o que "ganhou" com aquilo que viveu, seja algo tangível, como um *souvenir*, ou intangível, como algum tipo de transformação pessoal.

Interação: É preciso identificar os fatores que facilitam e estimulam o aprendizado e a interação, tais como o tamanho dos grupos, o conforto do ambiente, o repertório cultural, a desenvoltura e a capacidade de conexão do anfitrião.

Para que o Turismo Criativo aconteça, não nos limitamos a utilizar apenas um dos elementos mencionados acima. É importante que utilizemos um conjunto de elementos, a fim de potencializar a experiência e intensificar o envolvimento com o destino. A forma não parece ser uma questão; podem ser oferecidos eventos, oficinas, imersões. Mas o que todos têm em comum é a capacidade de promover interação cocriativa entre o visitante e o anfitrião e a necessidade de entregar significado, uma vez que o que está sendo buscado são, justamente, atividades que façam sentido e façam sentir.

Embora todos esses elementos pareçam dar conta da elaboração de uma experiência de turismo perfeita, é fundamental salientar que cada pessoa sente de um jeito, e que aquilo que funciona estrondosamente para uns, pode não tem a menor graça ou o menor significado para outros, de modo que utilizar todos os elementos não garante o sucesso da vivência. Assim como também é importante considerar que existem aqueles que, mesmo acessando a experiência de Turismo Criativo, simplesmente não estão abertos para o processo e não irão se engajar. Sim, isso existe. A pessoa até deseja se envolver com a experiência, mas não está verdadeiramente preparada ou disposta e, ao se deparar com processos muito diferentes de sua realidade ou cotidiano, simplesmente travam e não se engajam, ou, ainda, questionam e oferecem obstáculos à participação. É preciso encontrar estratégias para lidar com essas questões e não deixar que elas afetem a entrega para aqueles que estão engajados.

Para além das questões criativas e sensoriais, também vale lembrar daqueles aspectos que são básicos para a entrega de qualquer serviço: higiene, pontualidade, cordialidade e atenção com o cliente. Questões como segurança e ambiência são necessárias em qualquer serviço, mas no Turismo Criativo elas ganham um ponto a mais de relevância. A segurança torna-se fundamental porque o visitante precisa se sentir seguro para se abrir à experiência, afinal, ele está experimentando fazer algo que não domina em um espaço que não conhece. E a ambiência está relacionada à beleza, à paisagem, que, embora importante para qualquer serviço, ganha ainda maior relevância no contexto do Turismo Criativo por estimular a criatividade e o bem estar.

POR ONDE ANDA
O TURISMO CRIATIVO?

Vários destinos ao redor do mundo têm investido no Turismo Criativo como forma de desenvolvimento territorial ou como ferramenta para a reinvenção. A prática se espalhou primeiro pela Europa, provavelmente por ser o local onde nasceu o termo, e hoje é o continente mais desenvolvido nesta área, em termos de quantidade e diversidade de experiências.

O primeiro destino a ter o Turismo Criativo estruturado e aplicado foi Barcelona, com o *Creative Tourism Barcelona*, uma plataforma que conecta turistas criativos a artistas locais. Mas, mais do que conectar demanda e oferta, o *Creative Tourism Barcelona* foi um grande impulsionador da prática porque mostrou que era possível desenvolver esse tipo de atividade e, dessa iniciativa, emergiu a *Creative Tourism Network*, a Rede Internacional de Turismo Criativo, que tem espalhado a causa e o conceito pelo mundo.

Ainda na Europa, Portugal também figura como exemplo e tem investido no Turismo Criativo como forma de estimular o desenvolvimento do turismo no interior, áreas tradicionalmente com baixos fluxos turísticos. Lá, o Turismo Criativo também tem sido utilizado como estratégia para manutenção de tradições culturais. Loulé, que fica no sul do País, na região do Algarve, construiu um espaço para a realização de oficinas de práticas tradicionais como artesanato em latão, cestaria e artesanato em cortiça. São oficinas orientadas por mestres e oferecidas a turistas, mas também a jovens da cidade que podem pleitear uma remuneração caso desejem se tornar aprendizes dessas tradições e, assim, garantir sua continuidade através do repasse da experiência.

Na Ásia, China e Coréia vêm investindo no Turismo Criativo associado às indústrias criativas – animação, dança, música, moda, games –, atraindo grande número de visitantes, especialmente jovens. Na Coréia, especificamente, a moda do pop coreano vem impulsionando o segmento, o qual contava com uma previsão, previamente à pandemia de COVID-19, de alcançar um mercado de 20 bilhões de dólares apenas no ano de 2020. Outros destinos investem mais no contato do visitante com as atividades do cotidiano da comunidade, como é o caso de Taiwan, Vietnã e Indonésia. Nestes países, o valor está na autenticidade e no contato com os nativos e suas práticas diárias.

Nas Américas, o desenvolvimento do Turismo Criativo é recente. Ainda assim, já se tem bons resultados a partir de atividades profícuas. Na América do Norte, Santa Fé, nos Estados Unidos, e Montreal, no Canadá, destacam-se pelo investimento em iniciativas que estimulam a classe criativa local a oferecer *workshops* e outras atividades com potencial de engajamento. Na América Latina, o Brasil está na vanguarda do desenvolvimento das atividades de Turismo Criativo. Por aqui, Porto Alegre, Brasília e Recife inseriram a proposta como estratégia de política pública. Outros Estados, como Paraíba e Minas Gerais, mesmo não contando com políticas públicas específicas para o Turismo Criativo, já apresentam iniciativas de estímulo à prática bastante relevantes.

Porto Alegre foi a primeira cidade brasileira a investir no Turismo Criativo como estratégia de desenvolvimento turístico. Em 2013, a cidade lançou o programa de Turismo Criativo como estratégia para aumentar a competitividade da cidade, uma vez que seu maior ativo é a cultura. Na ocasião, foi lançada uma plataforma onde era possível encontrar mais de trinta experiências que conectavam o visitante ao modo de vida do porto-alegrense, tais como preparar um chimarrão e um churrasco ou aprender danças tradicionalistas, oferecidas por artistas, artesãos, *chefs* de cozinhas, centros de tradições gaúchas e outras entidades. Infelizmente, como muitas outras políticas públicas, esta não teve continuidade com a mudança de governos e, em 2020, a plataforma se encontra fora do ar. Entretanto, ainda é possível realizar algumas experiências entrando em contato direto com os empreendedores. Essa é a mágica do Turismo Criativo: uma vez despertado, ele pode seguir reverberando iniciativas, já que não requer grandes estruturas e pode ser ofertado por qualquer pessoa criativa que deseje anfitriar um encontro significativo.

Com o objetivo de promover Brasília como destino de excelência baseado na qualidade de vida e nos elementos de arquitetura, mobilidade e criatividade, foi lançado em 2016 o Plano de Turismo Criativo de Brasília. O plano foi elaborado com base nos resultados de oficinas realizadas junto à cadeia produtiva do turismo e prevê uma ação integrada entre as diferentes políticas públicas, de modo a estimular os diversos potenciais da cidade, como tecnologia, arte, cultura, economia criativa e áreas rurais. As ações do plano estão alocadas em quatro grandes áreas: gestão, promoção e marketing, infraestrutura turística e produtos e serviços, além de ações de intervenções criativas na cidade. Como estratégia de monitoramento da implementação das ações, o plano sugere que se forme um grupo de trabalho mesclando participantes da gestão pública e da iniciativa privada a fim de que possam pensar juntos em soluções para o desenvolvimento do Turismo Criativo na cidade. Hoje, indo a Brasília, você poderá viver uma experiência de bicicleta, ou "camelo" como chamam os moradores, por pontos culturalmente relevantes da cidade, ou, ainda conhecer as obras modernistas da Capital Federal em uma caminhada encantadora.

Com uma cena cultural efervescente e berço da Rede Nacional de Experiências e Turismo Criativo, a RECRIA, Recife lançou em 2018 o seu Plano de Turismo Criativo. Todo o processo da elaboração do plano municipal foi colaborativo: diversos representantes da sociedade civil fizeram parte do grupo de trabalho e, em seguida, foram realizadas oficinas de ideação abertas a qualquer pessoa que desejasse contribuir para a desenho das ações do plano a partir das demandas da sociedade; após as oficinas, em mais dois momentos, foram realizadas reuniões abertas para a devolutiva e validação dos encaminhamentos com a sociedade. Após o lançamento do Plano de Turismo Criativo do Recife, que orienta as ações do Governo Municipal no âmbito do Turismo Criativo, foi instituído o Fórum de Turismo Criativo como instância de governança do segmento, tanto com a finalidade de acompanhar o desenvolvimento das ações pela Prefeitura, quanto com a prerrogativa de propor e realizar ações, uma vez que é uma instância da sociedade civil, independente do Governo. Essa estrutura foi pensada como forma de garantir que as políticas e iniciativas elaboradas não se perdessem com a alternância de poder e que a estratégia de desenvolvimento do Turismo Criativo pudesse seguir sendo fortalecida. Em Recife, há algumas iniciativas consolidadas e as comunidades da Bomba do Hemetério e da Ilha de Deus são expoentes da prática. Na Bomba do Hemetério é possível vivenciar o carnaval de rua em qualquer época do ano com a experiência "Recife é sempre carnaval" e na Ilha de Deus, comunidade marisqueira, é possível entrar em contato com o processamento do marisco, do mangue à mesa, com a experiência "Cozinhando com Negralinda". Além dessas, também é possível viver a cidade pedalando, aprender sobre cervejas, poesia e natureza em imersões que apresentam o Recife em todos os seus ângulos.

Além das cidades citadas acima, que estruturaram planos para o desenvolvimento de iniciativas de Turismo Criativo, outras duas cidades se destacam pelo incentivo às atividades nesta área: João Pessoa, na Paraíba, e Belo Horizonte, em Minas Gerais. Ambas fazem parte da Rede de Cidades Criativas da Unesco e, em parceria com o SEBRAE, desenvolvem atividades que estimulam os empreendedores da economia criativa e da cultura a adaptar seu produto ou serviço para a oferta de Turismo Criativo. Em João Pessoa, é possível conhecer a rota dos ateliês e realizar oficinas nos ateliês dos artistas. O visitante também pode fazer um *tour* sensorial pelas cafeterias ou um passeio de bicicleta para ver o sol nascer. Já em Belo Horizonte, pode-se aprender sobre os ingredientes da riquíssima gastronomia mineira no mercado central de Belo Horizonte, ou ainda dar passear por uma comunidade criativa da cidade, a Lagoinha.

Esse pequeno panorama mostra como o conceito de Turismo Criativo vem se apresentando em diversos lugares de formas diferentes, como é de se esperar de um conceito ainda recente e baseado em criatividade. É possível, também, perceber seu forte componente orgânico, surgido a partir das iniciativas dos criativos locais, os quais passam a ver turismo mais uma possibilidade de geração de renda. Mas é importante que se perceba, também, como a prática do Turismo Criativo pode e deve ser estimulada por políticas públicas, geralmente impulsionadas pela necessidade de estimular a produção criativa ou diversificar a oferta turística. Essa modalidade é presente especialmente em países com a economia em desenvolvimento, na qual os pequenos empreendedores não se sentem seguros ou não contam com possibilidade de investimento e inovação. Apesar de ser positiva e até necessária, a ação governamental geralmente é vulnerável às mudanças políticas e pode desaparecer rapidamente quando um novo governo assume. A fim de minimizar esse impacto, é bastante relevante que haja ações de governança da sociedade civil no processo, para que os avanços conquistados não retrocedam e o desenvolvimento não estanque.

AS REDES
E O TURISMO CRIATIVO

♦♦♦

A natureza humana é essencialmente associativa. A partir do agrupamento, o homem estabelece relações de interesse que vão delineando sua rede conforme sua inserção na sociedade. Essa inserção se dá, primeiramente, a partir do âmbito familiar, seguido da comunidade onde vivem, da escola e da comunidade de trabalho. E são essas relações que tecem a esfera social. A rede social consiste, portanto, numa estrutura flexível, dinâmica e auto-organizada na qual cada pessoa tem um papel e onde as relações estabelecidas entre os indivíduos que a compõem formam a temática da rede.

Com a revolução tecnológica e os processos de globalização, foi necessária uma adaptação à nova dinâmica social, onde fosse possível tanto fortalecer a competitividade local a partir dos elementos identitários que o tornam único, quanto conectar-se ao global de modo que fosse possível comunicar sua identidade e sua produção, além de também aprender e trocar experiências para que esse ciclo de retroalimentação fortaleça o local e gere desenvolvimento. Só há crescimento na diversidade porque a troca enriquece o repertório, aumenta a criatividade e o potencial gerador de soluções.

Nesse contexto, a rede surge como uma inteligência capaz de conectar iniciativas que antes estavam isoladas e de fortalecer o segmento a partir da construção de uma estratégia coletiva. Organizados em rede, ganhamos repertório oriundo da diversidade de participantes, ganhamos potência para articulação, volume para comercialização e capacidade de atendimento ampliada. Neste sistema, fortalecidos, os empreendedores têm capacidade de interlocução com outros segmentos: com o mercado, que atua como parceiro na comercialização dos produtos; com o governo, que atua suprindo as infraestruturas necessárias para o estímulo à ambiência criativa; e com o turista, que se relaciona de forma diferente com o local, compreendendo e valorizando a experiência ofertada.

O empreendedor, na sua ação, necessita de capital, informação, competências, força de trabalho e credibilidade. Fazer parte da rede concede a ele a possibilidade de obter todos esses elementos. Estar em rede provê ao empreendedor um superego, de modo a lhe garantir vantagens competitivas que possibilitam um melhor posicionamento do seu negócio. A rede não é estática, ela faz parte do contexto social da ação e pode ser ativada de acordo com as necessidades. Ou seja, ela se autorregula: seus participantes podem se associar e se organizar de modo a expandir as oportunidades para si e para o sistema como um todo.

As características das atividades de Turismo Criativo indicam que os empreendedores podem se beneficiar da ação em rede. E isso porque, no Turismo Criativo, as atividades comportam poucos participantes e geralmente são oferecidas por indivíduos que têm o

Turismo Criativo como atividade econômica complementar, que são empreendedores individuais ou solitários. Essa configuração faz com que a ação organizada em rede possa melhorar a ação empreendedora e potencializar o desenvolvimento do Turismo Criativo.

Existem, hoje, algumas redes de turismo criativo em funcionamento pelo mundo. A *Creative Tourism Barcelona*, já mencionada neste livro, é um exemplo de rede, enquanto plataforma que atua como intermediária entre os empreendedores criativos da cidade e os viajantes que desejam participar de atividades criativas. O objetivo é oferecer aos visitantes a oportunidade de descobrir a cidade de Barcelona e seus arredores de uma forma criativa, interagindo com os moradores locais e, especialmente, sentindo-se como um habitante do local. Foi a primeira plataforma de Turismo Criativo do mundo e dela se originou a Rede Internacional de Turismo Criativo, também já mencionada aqui.

A Rede Internacional de Turismo Criativo é uma organização sem fins lucrativos que tem como objetivo promover destinos de todos os tipos que apostam no Turismo Criativo como diferencial competitivo para atrair visitantes, bem como criar uma cadeia de valor para o território. Também promove pesquisas acadêmicas, fornece consultoria e treinamentos através da *Creative Tourism Academy* e premia todos os anos as melhores práticas através do *Creative Tourism Awards*.

Outra iniciativa representativa das redes em Turismo Criativo é o CREATOUR, um projeto que reúne cinco centros de pesquisa em quatro regiões de Portugal e quarenta projetos-pilotos, além de outras partes interessadas que trabalham de forma colaborativa e em rede. Este projeto tem como objetivo contribuir para o desenvolvimento local integrado e para a vitalidade cultural local. Apesar de ser um projeto de pesquisa, a iniciativa prevê atuação junto à comunidade criativa e o desenvolvimento de projetos-pilotos a fim de estabelecer e fortalecer iniciativas de Turismo Criativo e construir conhecimento sobre o assunto para apoiar a formação de redes e *clusters*.

Mais um exemplo de rede neste segmento é a RECRIA – Rede Nacional de Experiências e Turismo Criativo, inciativa brasileira. A RECRIA é um movimento integrativo de experiências de Turismo Criativo que impulsionam o desenvolvimento das pessoas, do ambiente e da cultura local. Seu objetivo é ser o movimento do Turismo Criativo no Brasil, através da integração de atores, experiências e segmentos inteligentes da sociedade.

A RECRIA surgiu a partir da necessidade de fortalecimento e ganho de competitividade dos territórios periféricos de Recife, que já tinham produtos turísticos formatados. Apesar de terem sido anfitriões de diversas iniciativas de desenvolvimento local, esses territórios não conseguiam ultrapassar as barreiras do mercado e chegar ao turista de forma competitiva. Dessa necessidade, surgiu o movimento "Bombando na Ilha", formado pelo Polo Cultural da Bomba do Hemetério, na Zona Norte recifense, primeira experiência de Turismo Comunitário em área urbana do Nordeste e detentor de uma diversidade cultural que parece infinita, e pela comunidade pesqueira da Ilha de Deus, localizada na Zona Sul do Recife, dentro do maior manguezal urbano do Brasil, cujo modo de vida de seus moradores encanta os visitantes. O movimento "Bombando na Ilha" surgiu com o objetivo discutir iniciativas capazes de impulsionar o Turismo de Base Comunitária. No entanto, esse recorte de base comunitária parecia limitar a integração da classe criativa dispersa nos territórios. Assim, concluiu-se que o caminho era agregar atores, experiências, organizações e inteligências que pudessem fortalecer e integrar os territórios. E a plataforma escolhida para esse movimento foi, então, o Turismo Criativo. Assim, como evolução do "Bombando na Ilha", surgiu a RECRIA, como rede integradora de experiências nacionais de Turismo Criativo e que visa impulsionar o desenvolvimento das pessoas, do ambiente e da cultura local. Além disso, a RECRIA busca promover e fortalecer ações que tenham a criatividade e o encantamento como pilares, o turismo como ferramenta impulsionadora e o desenvolvimento territorial como resultado finalístico.

A atuação em rede é provedora de recursos diversos para a atividade empreendedora. Na rede, o empreendedor pode encontrar competências complementares às suas que aumentam suas possibilidades de ação. E, uma vez que todos os atores se mantêm conectados por um mesmo propósito, as relações de negócios entre eles passam a ser pensadas para que se chegue a um resultado equânime. O trabalho, assim organizado, acaba por retroalimentar positivamente ativos importantes para a cola social: a confiança e a credibilidade.

É também em rede que o agente encontra credibilidade para acessar espaços que, sozinho, não alcançaria, e isso tem feito com que as ações oriundas da periferia, o propulsor inicial da organização da RECRIA, tenham, hoje, visibilidade e consigam alcançar o mercado de forma competitiva.

Outro resultado de uma ação coordenada em rede está no âmbito da ação política. Organizados em rede, os empreendedores legitimam o setor e fortalecem a confiança do poder público naquele segmento. Em Recife, como resultado da força da rede, a Prefeitura elaborou o Plano Municipal de Turismo Criativo e foi criado um Fórum de Turismo Criativo para acompanhar o desenvolvimento das políticas públicas no setor.

O Turismo Criativo é uma forma de turismo ainda incipiente e estamos aprendendo como ele funciona. Entretanto, já sabemos que tem uma configuração bastante fluida, pois é desenvolvido a partir da criatividade do território, que não é estática. Como vimos, pela natureza de sua atividade, não é possível que grandes empreendimentos ofereçam esse serviço, ou seja, só pode ser realizada por pequenos empreendedores, os quais precisam se organizar de modo a vender o território e não sua iniciativa. Por todos esses motivos, a rede se configura como uma forma de governança aderente ao Turismo Criativo. Cada rede assume uma configuração diferente, baseada nas necessidades e oportunidades do grupo que a integra. Os motivos que fazem com que os indivíduos permaneçam juntos, em rede, podem ser diversos. Entretanto, uma coisa todas as redes têm em comum: a necessidade dos empreendedores de se fortalecerem enquanto grupo para que sua ação também seja fortalecida. E é assim que o segmento ou setor também se fortalece.

▰▰▰

TURISMO CRIATIVO
E DESENVOLVIMENTO
TERRITORIAL

▰▰▰

❡❡❡

Para que possamos pensar o desenvolvimento territorial de forma integral, o primeiro passo é colocar a lente do pensamento sistêmico a fim de enxergarmos a relevância do local na composição do sistema global. O território é o espaço de transformação social. É ele quem detém os recursos culturais, institucionais, econômicos e humanos que, em mútua interação, geram ideias e projetos com potencial de desenvolvimento.

O território não é um espaço isolado e definido em si mesmo, mas resultado das relações entre os aspectos físicos, geográficos, humanos e o meio com o qual se relaciona, influenciando e sendo influenciado. Quero, com essa afirmação, desmistificar o desenvolvimento territorial como circunscrito obrigatoriamente a lugares periféricos e economicamente pobres e convidá-los a investigar, com o olhar sistêmico, como cada território, sendo uma parte do todo, pode se desenvolver e contribuir para um sistema mais equilibrado, justo e ecológico. Todo e qualquer território é espaço de potência que, devidamente trabalhado, pode contribuir para um sistema global melhor, mais saudável e equilibrado, cada um com sua peculiaridade.

Embora o conceito de Turismo Criativo, em si, não contenha o desenvolvimento territorial sustentável como premissa, a revisão desse conceito à luz da prática reconhece que o desenvolvimento local precisa estar, necessariamente, contemplado em suas estratégias de desenvolvimento. Afinal, ambos, tanto o Turismo Criativo quanto o desenvolvimento territorial, estão ancorados em premissas que têm na comunidade sua fonte de recursos e sua razão de existir.

Como muito bem pontua Sergio Molina, o desenvolvimento do turismo ao longo do tempo tem se baseado no princípio da escassez, que se baseia em uma ação setorial, com benefícios limitados ou nulos para os territórios anfitriões, uso inadequado dos recursos naturais e culturais e políticas públicas voltadas para atender os tipos convencionais de turismo. A escassez é baseada na premissa de que não tem para todo mundo e, por isso, é preciso garantir a máxima exploração a fim de reunir o máximo de benefício da ação. Felizmente, esse pensamento não tem mais espaço no século XXI e o que Molina propõe é, justamente, um desenvolvimento turístico baseado na abundância.

O turismo baseado na abundância pressupõe que o território possui todos os recursos necessários ao seu desenvolvimento: recursos naturais, recursos culturais, recursos sociais. E o recurso financeiro? Nesta concepção, os recursos financeiros passam a ser encarados apenas como um dos recursos, que podem ser conseguidos a partir da mobilização dos demais recursos. Na perspectiva sistêmica, de abundância, é apenas um dos recursos, não o principal. Além disso, a visão baseada na abundância estimula o uso de indicadores de desempenho que medem o sucesso para além do retorno financeiro, tais como os níveis de colaboração, os níveis de manutenção dos recursos naturais, os índices de pessoas que seguem habitando o território, entre outros. Todas essas são formas de medir o desenvolvimento para além do financeiro.

Esse pensamento converge com o conceito de desenvolvimento local sustentável, uma estratégia que parte do princípio de que é preciso reforçar potencialidades locais, de forma integrada, criando oportunidades econômicas, sociais e educativas necessárias ao desenvolvimento do ser humano e garantindo que essas condições de desenvolvimento tenham sustentabilidade.

Diante disso, é possível entender o Turismo Criativo como uma plataforma que estimula o planejamento do turismo inclusivo e sustentável, uma vez que, para seu desenvolvimento, os principais recursos são as pessoas e os ativos peculiares do território. Ademais, não necessita de grandes investimentos em infraestrutura e, também por isso, qualquer lugar pode se desenvolver utilizando-o como base, já que, ao invés de museus, patrimônios materiais e teatros, por exemplo, o que se espera vivenciar é o intangível, a atmosfera, o estilo de vida, as histórias. Esse aspecto minimiza a relevância de questões relacionadas ao investimento financeiro, além de responder positivamente aos aspectos ligados ao impacto ambiental causados por grandes estruturas, tais como *resorts*, parques e complexos hoteleiros, impactos esses que, infelizmente, podem ser observados em diversos balneários ao longo do litoral brasileiro.

Diferentemente de uma simples ação no local, o Turismo Criativo amplifica as ações ao estimular trocas com outros espaços a partir da estruturação e entrega de experiências que apresentam o território na expressão de sua potência. Ancorado na cocriação, em que anfitrião e visitante são produtores e aprendizes, surge uma interação que ressignifica os espaços e as hierarquias, valoriza o local, gera aprendizagem para ambas as partes e, com as duas partes sensibilizadas, permite que a transformação aconteça não apenas no momento do encontro, mas também após o encontro, nas interações nas quais visitante e anfitrião se engajarão, gerando um movimento de influenciar e ser influenciado que tem potencial para seguir transformando os espaços nos quais esses atores possam interagir.

Esse movimento resgata a autoestima da comunidade, estimula o desenvolvimento econômico, aumenta o conhecimento estimulando a escolaridade, diminui os preconceitos. Para além de ser um movimento que gera autoestima na comunidade e estimula o desenvolvimento territorial amplo, o Turismo Criativo é capaz de integrar as atividades do território e responder às carências provocadas pelo turismo tradicional. Se desenvolvido de forma planejada e com a participação ativa da comunidade, pode resultar em sustentabilidade financeira para o coletivo e em reforço dos laços sociais e afetivos entre os integrantes e seu território.

Mas é importante ressaltar que o processo descrito acima não beneficia ou se restringe apenas ao território periférico ou, como costumeiramente nomeamos esses territórios, à comunidade. Como reforçado em diferentes momentos, o Turismo Criativo tem potencial para integrar a cidade, os criativos, os brincantes populares, as tradições, as inovações e os viajantes em uma construção de trocas que deve ser forjada à base do respeito pelas pessoas, pela troca de conhecimento, pelo local. Também integra diversos microempreendedores e estimula a circulação financeira, potencializando a sustentabilidade. Em outras palavras: é um turismo integrador, que não descarta, não marginaliza e não exclui.

Trabalhar o Turismo Criativo enquanto estratégia de desenvolvimento territorial não é simples e requer um esforço integrado entre os setores público, privado e a sociedade civil organizada, especialmente nos países em desenvolvimento. Essa discussão não deve ser realizada apenas dentro da comunidade turística. Precisa passar, também, pela revisão dos padrões de consumo dos turistas em geral, pois ainda que exista uma grande oferta de experiências de Turismo Criativo, é preciso que a demanda por esse tipo de atividade cresça, afinal, ainda é uma modalidade de turismo de nicho que implica em atender clientes muito especializados e em pequeno número, embora esteja em crescimento.

OS DESAFIOS DO TURISMO CRIATIVO

❧❧❧

O Turismo Criativo tem ocupado um papel mais central nas estratégias do mercado e das políticas públicas quando o assunto é o desenvolvimento turístico, isso é fato. Mas algumas questões merecem atenção para que seja, de fato, aplicado.

A matéria-prima do Turismo Criativo é a criatividade que está dispersa no território. Para que ele se beneficie dessa criatividade, é preciso integrar as indústrias criativas à atividade turística. Entretanto, esse movimento, embora possa parecer óbvio, é complexo, uma vez que a classe criativa não se percebe, ainda, como parte da indústria do turismo e o *trade* turístico não olha, ainda, para a classe criativa como potencial oferta turística. Algumas questões operacionais estão no meio dessa equação, como o número limitado de participantes em uma experiência e a dificuldade que os criativos têm em manter uma agenda regular e antecipada de atividades, de modo que os operadores de turismo tenham condições de vender e garantir a entrega. Esse cenário abre espaço para a inovação na intermediação dessas atividades, como é o caso do *Airbnb Experience*. Talvez, para operar na lógica do Turismo Criativo, seja necessário rever a estrutura da operação turística.

Outra questão que emerge é a transição do interesse nos ativos tangíveis, como museus e monumentos, para ativos intangíveis, como as experiências. Os ativos tangíveis não irão desaparecer e, ainda assim, o interesse por intangíveis tende a aumentar, o que já está provocando uma mudança no mercado do Turismo Cultural. Isso representa um desafio: comunicar de maneira eficiente toda a sensorialidade contida em uma experiência de Turismo Criativo. E este desafio está relacionado a um outro: encontrar o turista criativo. Um dos elementos necessários para se vivenciar o Turismo Criativo, de acordo com diferentes autores, é a abertura do visitante a esta prática. Para que haja essa abertura, é preciso haver uma sensibilização, a qual se pauta em aspectos bastante subjetivos. Além do mais, os interesses e curiosidades do turista podem variar, e uma experiência que o interessou e para a qual estava disposto hoje, pode não ser a mesma que vai chamar sua atenção em outra ocasião.

Também por isso, a criatividade e a capacidade de adaptação e inovação são tão relevantes ao desenvolvimento de produtos do Turismo Criativo. E aqui se encontra um outro desafio: estimular um ambiente criativo. É preciso haver iniciativas que estimulem as pessoas a exercitarem sua criatividade e que capacitem o capital humano local para atender às novas demandas rapidamente e com o menor desgaste possível. Esse papel de direcionar esforços para que a população local tenha conhecimento e segurança para inovação, via de regra, no Brasil, é realizado pelo setor público. No entanto, é notório que a descontinuidade das políticas públicas em função da alternância de poder tem prejudicado bastante o setor, as pessoas e os destinos. Sendo assim, um desafio que se apresenta é a necessidade de uma governança fortalecida capaz de mobilizar todos os setores – público, privado e social – a fim de suportar o desenvolvimento dessas atividades. A governança é o espaço de convergência de parcerias para alcançar o bem comum e pode se estruturar em organizações como redes, associações e conselhos, desde que sejam representativas da sociedade.

Por ser um tipo de turismo realizado em pequena escala, para que um destino fortaleça sua oferta turística, é preciso haver um esforço colaborativo que favoreça o surgimento de diversas iniciativas e que possuam, realmente, a capacidade de influenciar o modo de ação da atividade turística local. Assim, um dos maiores desafios ao Turismo Criativo se constitui na necessidade premente de organização em rede, de modo que seja possível aprender coletivamente e fortalecer o segmento.

TURISMO CRIATIVO
PÓS-PANDEMIA

♦♦♦

    Este livro foi escrito no primeiro semestre de 2020, enquanto o mundo vivenciava a pandemia da COVID-19. Viver esse momento suscita, em mim, uma esperança de que a humanidade desperte e consiga enxergar que nosso modo de vida, pautado em relações estabelecidas pela sua utilidade e no consumo exagerado que serve para compensar a falta que nos faz as relações genuínas, não é mais possível, que esgotamos os recursos da natureza sem os quais não podemos viver e que, nesse movimento, acabamos por coisificar as pessoas.

    A humanidade se perdeu pelo caminho... Mas este vírus chegou e, com ele, minha esperança de que nós, humanos, resgatemos nossa humanidade. Nesse devaneio pessoal, consigo perceber claramente o Turismo Criativo como uma plataforma potente para estimular relações, para dar suporte à retomada da atividade turística e para se pensar um desenvolvimento econômico mais integrado e integral.

    O turismo tem se apresentado como estratégia de desenvolvimento econômico em muitos países por sua característica multisetorial – o turismo é uma atividade que movimenta diversos segmentos e é o maior empregador no setor de serviços globalmente. Mas os problemas que ele promove se dão na mesma proporção, especialmente nos centros urbanos: trânsito, limpeza urbana, segurança, gentrificação, e esses são apenas alguns dos problemas que podem ser gerados pela atividade turística. Apesar disso, os destinos continuam planejando seu crescimento. Mas, neste momento, talvez nenhum outro questionamento se faça mais importante e urgente: o que significa crescer?

A economista Kate Raworth diz que não podemos crescer para sempre e que nos resta repensar nossas métricas de sucesso para além do econômico. Se um destino não pode crescer para sempre, é preciso pensar quais outros indicadores podem nos sinalizar que estamos no caminho certo, em um novo caminho. Nesse sentido, olhar para a manutenção das comunidades nativas nos destinos que estão sendo trabalhados, para o uso inteligente dos recursos naturais, para uma distribuição de benefícios oriunda da atividade que abarca todos os segmentos afetados pela atividade turística, podem nos dar indícios de para onde devemos olhar quando pensamos em um turismo realmente sustentável.

E o que o Turismo Criativo tem a ver com isso?

Em função de suas características, o Turismo Criativo pode atender às demandas de um desenvolvimento turístico sustentável, afinal:

- é uma atividade ofertada pela população, não depende de grandes infraestruturas e grandes investimentos; quando trabalhamos para que a comunidade nativa do destino permaneça no espaço, fortalecemos a autenticidade do destino, aumentando sua competividade e garantindo condições justas de trabalho e renda para a população;

- é uma atividade que prioriza pequenos grupos, não necessitando de grande número de pessoas ofertando experiências para atender à demanda, e isso gera uma distribuição de renda mais abrangente e igualitária;
- os recursos estão na comunidade, diminuindo os gastos com logística e fortalecendo a identidade e a cultura local e ampliando a inclusão produtiva;
- depende de atividades relacionais, em que cada pessoa que participa sai tocada de alguma maneira. Eu costumo dizer que, no Turismo Criativo, sua experiência é proporcional à sua abertura: quanto mais disponível para o encontro você estiver, mais profundamente a experiência irá te tocar. E se você sai transformado da experiência, adquire o potencial de reproduzir essas transformações na sua comunidade, de modo que micromovimentos podem ser espalhados e podem alimentar grandes revoluções.

E como tudo isso se relaciona com o turismo pós-pandemia?

A pandemia jogou em nosso colo a urgência e a necessidade de atuação em colaboração: de nada vale que eu me cuide se não cuidar do meu vizinho. Vivemos todos no mesmo planeta e se, não pensarmos coletivamente, o indivíduo não sobreviverá. Imagine se, no futuro, a fim de evitar multidões, o governo de Barcelona passar a pensar suas estratégias em colaboração com destinos próximos com quem possa compartilhar sua demanda? Talvez Barcelona precise, inclusive, investir no desenvolvimento de outros destinos para continuar a atender a sua demanda nas condições pós-pandemia. Seria muito revolucionário que as pessoas, os negócios, considerassem verdadeiramente a possibilidade de cooperar entre si, transmutar de uma lógica de competição para uma lógica de colaboração.

A partir do momento histórico gerado pela COVID-19, as pessoas precisarão atuar baseadas na confiança. Inclusive, é importante lembrar que a própria Organização Mundial do Turismo (OMT), ainda em 2020, afirmou que a moeda do futuro é a confiança. Como eu me asseguro de que os estabelecimentos estão seguindo as normas de biossegurança? Como posso compartilhar a abundância? Isso acontece com base na confiança. O Turismo Criativo acontece nos espaços pessoais de quem oferta: a casa, o ateliê, a cozinha. Essa relação próxima tende a entregar uma relação mais íntima e de maior confiança porque o visitante considera que a pessoa cuidou do seu espaço e, por consequência, está cuidando do meu. Por acontecer em espaços pequenos e ser uma experiência pautada na qualidade do encontro, não há grandes grupos nas experiências de Turismo Criativo, o que atende a necessidade atual das pessoas de estarem em espaços sem aglomerações.

Outra tendência trazida pela pandemia de COVID-19 são as experiências em destinos próximos ao local de residência, que tornem possível voltar e dormir em casa. Por se basear em criatividade, o Turismo Criativo tem a capacidade de se reinventar. Assim, a experiência que você viveu uma vez pode estar completamente remodelada depois de algum tempo, e isso aumenta as possibilidades de que o mesmo produto possa ser vivenciado diversas vezes em diversas perspectivas.

Até nas questões tecnológicas, também uma tendência relevante no pós-pandemia, o Turismo Criativo pode ajudar, porque a tecnologia precisa ser humanizada. Para tanto, é importante descobrir sua autenticidade, olhar para a qualidade da interação e estar sempre atento à hora de se reinventar.

Não sei dizer se foi o isolamento físico ou a ameaça do vírus, mas esse tempo despertou em mim uma esperança de que nosso olhar, enquanto grupo, se transforme e que passemos a exercitar o cuidado. Cuidado com as pessoas, com as relações, com os territórios, são elementos presentes e estruturantes no Turismo Criativo. Nesta perspectiva, não é uma virtude, é uma ferramenta de ação. E é também por isso que eu acredito que as pessoas que desenvolvem o Turismo Criativo orientado ao desenvolvimento territorial são mais capazes de responder às demandas da retomada do turismo, porque elas têm em sua prática cotidiana o cuidado com as pessoas, com as relações e com o território.

AGRADECIMENTO

Em Abril/20 eu decidi escrever esse livro. Foram muitos processos até o ponto final. Estava muito feliz por tê-lo escrito, e então veio a outra questão: e agora, como faço essas ideias chegarem às pessoas?

Entre muitas pesquisas sobre como publicar um livro e conversas com amigos, fazer um financiamento coletivo me pareceu uma solução interessante. Busquei informações, planejei as atividades, entendi o processo. Só que não. Uma campanha de financiamento coletivo é muito maior, é um processo emocional. Cada mensagem de apoio, carinho, cada gesto, pessoas que não puderam apoiar financeiramente, mas que compartilharam a campanha e mesmo aquelas que ligavam só pra dizer: "Tô acompanhando viu?", cada uma dessas demonstrações dava um quentinho no coração. A melhor frase que ouvi nessa jornada foi que "financiamento coletivo é sobre mobilizar pessoas e não sobre arrecadar dinheiro". É a mais pura verdade. É lindo ver as pessoas chegando junto e de repente o sonho, que era apenas meu, agora é de tanta gente! Somos 280 pessoas conectadas por um projeto. O meu sentimento de gratidão é enorme. Obrigada a cada uma e cada um que esteve comigo, vibrou, torceu, sentiu e apoiou. Seguimos, junt@s, cocriando a realidade que desejamos viver.

Um xêro apertado cheio de gratidão.

Acácia Maria Coutinho de Paula
Adriana Franco
Adriano Araújo
Albérico José Matias
Alberto José Mathe
Alda de Araujo Souza Brasileiro
Alessandro Gomes de Souza Araujo
Alexandre Amorim
Alexandre Pinho Pessoa de Hollanda
Aline César Jesus
Aline Farias de Amorim
Aline Pimentel Silva
Álvaro Eugênio Duarte de França
Álvaro Negrão Do Espírito Santo
Amanda Arnaldo Jacó Coutinho
Amanda Leonel
Ana Beatriz de Moraes Lima
Ana Borba
Ana Cecilia Duek
Ana Elena Andrade Lima
Ana Paula Vilaça
André Falcão Durão
Andrea Santos
Andrea Santos Guimarães
Angela Selma de Almeida Matias
Angelica Diefenthaler
Antonio Mateus de Oliveira Junior

Arthur Braga
Arturo Maria Jordan Goni
Auxiliadora Padilha
Bárbara Blaudt Rangel
Bárbara Jacó
Beatriz Gondim Matos
Breno Arnaldo Jacó Coutinho
Bruna Galvão Souza
Bruno César Correia Tenório Cavalcanti
Bruno Matinata
Caio Guimarães
Camila Valença
Carlos Aquiles de Araujo Siqueira
Carlos Eduardo de Castro Serra
Carlos Henrique Campos
Carmen Cavalcanti
Carol Vasconcelos
Carolina Palhares
Caroline Marques
Catarina Souza Almeida
Celi Vieira Rocha
Celio Vieira Rocha
Charlles Marinho
Chef Negralinda
Christian Kern
Christiano Henrique da Silva Maranhão
Cidia Gonçalves

AGRADECIMENTO

Cíntia Arnaldo Jacó Coutinho
Circe Raskin
Cléa Venina Ruas Mendes Guimarães
Clicie Gouveia
Clodoaldo Garcia Junior
Constança Ferraz
Cynthia Clause Ferreira
Daciel Santos
Daniella Pereira
Danielle Melo Oliveira
Danylo Aguiar
Davi Arnaldo Jacó Coutinho
Denise Marques
Diana Marcela Zuluaga
Ditta Dolejsiova
Dnilson Moura Lima
Ednaldo Alcides da Rocha
Edson Roberto O Mendes
Eduardo Morais Alencar Araripe
Eduardo Santos Cabral
Elis Almeida
Elisangela Baptista
Elisiane Silveira Menegolla
Ellen Monique Carvalho Fonseca
Equipe Go Passeios
Evaldo Williams
Evando José de Figueredo
Evellyne Ferraz Correia
Fabiana Tavares
Fernanda Cadena
Fernanda Farias Ribeiro da Cunha

Fernando Cesar Santos Figueiredo
Fernando Henrique Rivelini
Filipe Thales Dos Santos
Flávia Cristina Santos Gomes Ferreira
Flávia Moura
Flora Noberto
Forum de Turismo Criativo do Recife
Francisco Barbosa de Souza
Gabriela de Oliveira Palma
Genesio Neto
Germana Uchoa
Gesner Andrade Nery
Gil Marinho
Gisele Teixeira
Giuliani Margarethe Nunes Campos
Graziela Ayres Ferreira Dias
Hare Tulio Mendonça Menezes
Hebert Canela Salgado
Hekel da Rocha Jacome
Iana Matias
Indira Ferreira Ribeiro
Ingrid Dutra
Ingrid Luiggi
Íris Ferreira de França
Isabel Angelica de Andrade Bock
Isabel Valle
Isabela Andrade de Lima Morais
Isabella Coelho Jarocki
Ita Jordânia da Silva Ferreira
Ivone Matias
Izadora Fernandes

Jackeline Ferreira Battistini
James West
Janaína Bino
Jane Marcia Mazzarino
Jeferson de Oliveira Aquino
João Batista de Oliveira Filho
Joao Chaves
João Paulo da Silva
José Correia
José Do Carmo Barbosa Leão Júnior
Jose Nildo de Lira
Joseneide de Holanda Veras
Josicleide Moraes da Silva
Jucemario Dantas
Judicléia Marinho da Silva
Juliana Maria de Oliveira e Silva
Juliana Maria de Oliveira Leal Didier
Juliana Souza Almeida
Julyana Aires
Karina Barbosa Machado Ferreira Gomes
Karina de Farias Zapata
Kariny Cibelli Andrade Vieira
Kleber Araújo
Ladjane Rameh
Leilane Alcântara
Leo Braga
Leonardo Andrade
Letícia Barros Kosminsky
Letícia Fernanda de Lima Almeida
Letícia França
Letícia Kosminsky

Leticia Mello
Lia de Souza Parente
Lianne Borges
Lidia de Freitas Quaresma
Lillian Mesquita
Lorena Raia
Luana Alexandre Silva
Luara Lázaro Gomes Dos Santos
Lucas Brainer de Carvalho
Luciana Andrade Lima
Luciana Holanda
Luciana Pionório
Luciana Veríssimo Ávila
Luís Fernando Carneiro Pereira
Luis Henrique de Souza
Luisa Ferreira Dos Santos
Luisa Restelli Akstein
Luiz Felipe Xavier
Luma Araújo
Marcelo Cintra Do Amaral
Marcelo Kosminsky
Marcelo Waked
Márcia Maria da Fonte Souto
Marcos André Farias de Oliveira
Marcos Antonio Bezerra de Almeida
Marcos Fernando de Lima Almeida
Marenice
Maria Alice Ribeiro da Rocha
Maria da Conceição Arnaldo Jacó
Maria da Paz Souza Carneiro
Maria das Graças Correia de Almeida

AGRADECIMENTO

Maria de Fatima Tropia
Maria de Lourdes de Azevedo Barbosa
Maria Do Socorro Machado de Lima
Maria Eduarda Ferreira da Silva Carvalho
Maria Gorete de Lima Almeida
Maria Helena de Almeida Matias
Maria Julia de Albuquerque Baracho
Maria Laura Almeida Vasconcelos Barbosa
Maria Luiza da Silva de Oliveira Anselmo
Maria Miranda
Mariana Bueno de Andrade Matos
Mariana Falcão
Mariana Magalhães Cavalcante
Mariana Marinho
Marilia Carvalheira Vieira de Melo
Marina Simião
Marina Varjal
Mário Petrônio Freitas Filho
Mariza Maria de Jesus Vieira Soares
Marlito Rodrigues Lima Filho
Mateus Viegas Ribeiro
Maurício Kosminsky
Mayara Thábata Sá de Lima
Melissa Maria Santos Braga
Mercês Parente
Michele Leandro da Costa
Michele Silva Pires
Milca Maria Cavalcanti de Paula
Milena Coelho
Moisés Alves Alcântara
Monica Bouqvar

Monica de Mesquita Nemer
Murilo Dantas
Nadir Raquel Cunha França
Natalia Caldas Costa Luna
Nathalia Caldas Cavalcanti
Nathália Körössy
Nathalia Luiza Farias da Silva
Nícolas Nunes Barbosa
Nicole Ferreira Facuri
Nilvana Maria Souza Do Rego Barros
Oscar Nóbrega
Pâmela Nóbrega
Patricia Eneias Ferraz Xavier
Patricia Ferreira Jaco
Patricia Galvao
Patricia Lobao Telles
Patricia Paixão de Oliveira Leite
Paula Tinguely
Pedro Verda
Pollyanna Fraga Graciano
Priscilla Argentin
Priscilla Marques
Proa Marketing Cultural
Rafael Gomes
Rafael Souza Almeida
Rafaela Gomes de Souza
Rebeca Laranjeira
Rebeka Cristiny Barbosa de Santana
Recria – Rede Nacional de Experiências e Turismo Criativo
Regina Medeiros Amorim

Renata Aragão
Renata Gamelo
Renata Kosminsky
Renato Barbosa de Souza
Ricardo Ramos de Cerqueira
Rinaldo Rodrigo de Lira Costa
Roderick Jordão de Vasconcelos Filho
Rodrigo Bacelar
Rodrigo Costa Gama
Rosa Meire Alves Silva
Rosana Eduardo
Rosário Bezerra Silva
Rosilei Montenegro Vieira
Rute Gabriela Dos Santos Paes
Sabores Do Patrimônio Turismo
Samuel Kosminsky
Sandra Lúcia Viana
Sandy Rayanne da Silva Ramos
Sérgio Leal
Sérgio Xavier
Silvana P N Santos
Silvia Teresa Rocha de Souza

Simone de Lira Almeida
Sonia Catão
Souza Araújo Advogados
Stéphanie Alves de Almeida
Talita Guedes
Tania Zapata
Tatiana Maria da Silva
Tatiana Petra
Tatyana Maria Carvalho Pereira Farias
Thays Venturim Guimaraes
Tiberio Cesar Macedo Tabosa
Vanessa Andrada
Vanessa Vaz
Vasty Alves
Verônica Ribeiro de Oliveira Campos
Victor Hugo Mendonça de Araujo
Virtual Recife Produções
Viviane Menezes Penhalbel
Viviane Santos Salazar
Vj Mozart
William Gregory Mendes Silva

SITES SUGERIDOS

Barcelona

https://www.barcelonacreativa.info/

Rede Internacional de Turismo Criativo

http://www.creativetourismnetwork.org/

CREATOUR

https://creatour.pt/

RECRIA

https://www.recriabrasil.com/

Plano de turismo criativo Brasília

http://www.turismo.df.gov.br/wp-conteudo/uploads/2017/11/Plano-de-Turismo-Criativo_.pdf

Plano de turismo criativo Recife

http://turismocriativo.visit.recife.br/wp-content/uploads/2019/05/plano_turismo_criativo.pdf

Relatório de execução do plano de turismo criativo do Recife

http://turismocriativo.visit.recife.br/wp-content/themes/turismo--criativo/download/relatorio_geral_seminario_internacional_turismo_criativo-ilovepdf-compressed.pdf

Plano municipal de economia criativa de Porto Alegre

http://lproweb.procempa.com.br/pmpa/prefpoa/inovapoa/usu_doc/poa_criativa_vweb.pdf

BIBLIOGRAFIA CONSULTADA

CARVALHO, R. M. F. *et al*. Review of the theoretical underpinnings in the creative tourism research field. **Tourism & Management Studies**, v. 15, n. SI, p. 11 – 22, 2019.

DIAMANDS, P.; KOTLER, S. **Abundância: o futuro é melhor do que você imagina**. São Paulo: HSM Editora, 2012

DUXBURY, N; RICHARDS, G. Towards a research agenda for creative tourism: developments, diversity, and dynamics. In: **A research agenda for creative tourism**, p 1– 14, United Kingdom: Edward Elgar Publishing, 2019

FLORIDA, R. **The Rise of the Creative Class**. New York: Basic Books, 2002

JORDAN, A. (ORG) **IADH Atua** – Referências para uma prática em desenvolvimento local/territorial. Recife: IADH, 2014

MOLINA, S. Turismo basado en el principio de abundancia. **Memoria del Primer Coloquio Internacional sobre Dinámicas y Tendencias del Turismo Contemporáneo en el Marco de la Cátedra Patrimonial Sergio Molina**. Ciudad Juárez: Universidad Autónoma de Ciudad Juárez, 2009

MOLINA, S. **Turismo creativo: el fin de la competitividade**. Santiago, Chile: Escritores, 2011

OECD. Tourism and the Creative Economy. **OECD Studies on Tourism**, Paris: OECD Publishing, 2014. https://doi.org/10.1787/9789264207875-en.

PINE, B. J.; GILMORE, J. H. **The experience economy**. Boston: Harvard Business Review Press, 1999.

PRAHALAD, C.K.; RAMASWAMY, V. Co-creation experiences: The next practices in value creation. **Journal of Interactive Marketing**, 2004. V.18, n.3, p. 5-14. http://dx.doi.org/10.1002/dir.20015

RAYMOND, C. Creative Tourism New Zealand: the practical challenges of developing creative tourism, in G. Richards and J. Wilson (eds), **Tourism, Creativity and Development**, pp. 145–57. London: Routledge, 2007

RICHARDS, G. **Tourism, Creativity and Creative Industries**. Paper presented at the conference Creativity and Creative Industries in Challenging Times, NHTV Breda, Breda, November 2012.

_____. Co-designing experiences with consumers: the case of creative tourism. **Input for a workshop on experience design**. Tromsø, 27 May 2016.

_____. Creative Tourism and Local Development. **Creative Tourism: A global conversation**, 2009. P.78-90.

_____. Creativity and tourism in the city. **Current Issues in Tourism**, 17(2), 119–144, 2014. http://doi.org/10.1080/13683500.2013.783794

_____. Creativity and tourism. The state of the art. **Annals of Tourism Research**, 38(4), 1225–1253, 2011. http://doi.org/10.1016/j.annals.2011.07.008

_____. EUROTEX: Trans-national partnership linking crafts and tourism. In: **Joining Forces: Collaborative Processes for Sustainable and Competitive Tourism**, p 83 – 88. Madrid: UNWTO, 2010

_____. Panorama of Creative Tourism Around the World. **Seminário Internacional de Turismo Criativo**, 2018.

BIBLIOGRAFIA CONSULTADA

_____. The challenge of creative tourism. **Ethnologies**, 38, 1-2, p. 31 – 42. Special issue on Créativité et mediation en tourisme et en patrimoine/ Creativity and mediation in tourism and heritage. 2016

RICHARDS, G., & MARQUES, L. (2012). Exploring Creative Tourism: Editors Introduction. **Journal of Tourism Consumption and Practice**, 4(2), 1–11.

RICHARDS, G., & RAYMOND, C. (2000). Creative tourism. **ATLAS News**, 23, 16–20.

RICHARDS, G., & WILSON, J. Developing creativity in tourist experiences: A solution to the serial reproduction of culture? **Tourism Management**, 27(6), 1209–1223, 2006 http://doi.org/10.1016/j.tourman.2005.06.002

RICHARDS, G., & WILSON, J. **Tourism, Creativity and Development**. London: Routledge, 2007. http://doi.org/10.4324/9780203933695

TAN, S. K.; KUNG, S.F.; LUH, D.B. A model of "creative experience" in creative tourism. **Annals of Tourism Research**, v.41, p.153 – 174, 2013.

_____. A taxonomy of creative tourists in creative tourism. **Tourism Management**, v. 42, p. 248 – 259, 2014.

UNESCO Creative Cities Network. Towards Sustainable Strategies for Creative Tourism. Discussion Report of the Planning Meeting for **2008 International Conference on Creative Tourism**, Santa Fe, New Mexico, U.S.A., October 25–27, 2006 http://unesdoc.unesco.org/images/0015/001598/159811e.pdf.

WORLD TOURISM STATEMENT GENERAL **Message from Madrid**: Trust is the new currency. Madrid: UNWTO, 2020. Disponível em: https://webunwto.s3.eu-west-1.amazonaws.com/s3fs-public/2020-05/200501SGStatemenEN.pdf

ZAPATA, T. (ORG) **Gestão Participativa para o Desenvolvimento Local**. Recife: Cooperação técnica BNDES/PNUD, 2000.

Este livro foi impresso em papel off-white 90g/m^2,
utilizando as fontes Bembo Std, The Bold e Bahnschrift
pela PSP Digital.